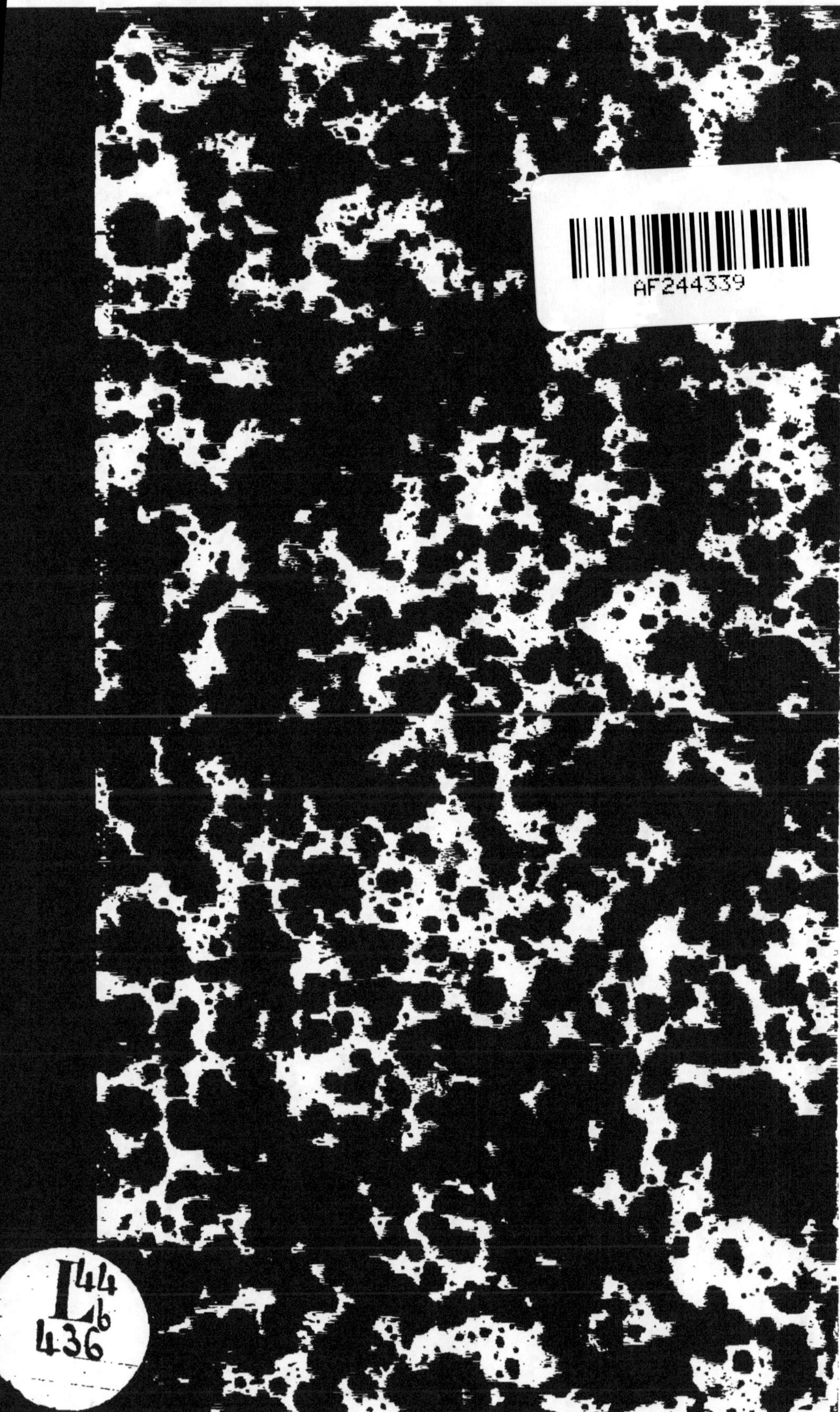

Lb . 436 .

DISCOURS

RELIGIEUX

ET

HISTORIQUE,

POUR L'ANNIVERSAIRE DU COURONNEMENT DE *SA MAJESTÉ L'EMPEREUR NAPOLÉON I.ER*

PAR JACQUES LHONORÉ,

Desservant la Paroisse de Boviolle, Arrondissement de Commercy, Département de la Meuse.

Hæc dies quam fecit Dominus. (Psalm. 117.)

A NANCY,

De l'Imprimerie de Claude Leseure.

DISCOURS.

RELIGIEUX ET HISTORIQUE,

Pour l'Anniversaire du Couronnement de S. M. l'Empereur NAPOLÉON I.er

Et ait Samuel ad omnem populum : Certè videtis quem elegit Dominus, quoniam non sit similis illi in omni populo. Et clamavit omnis populus, et ait: Vivat Rex !

Certes, vous le voyez, dit Samuel à tout le peuple, celui que le Seigneur a choisi ; il n'y en a point dans la nation qui puisse lui être comparé. A ces mots tout le peuple s'écria, par une acclamation spontanée : Vive le Roi! (*Reg. I. cap. X. v. XXIV.*)

DE tous les traits qui caractérisent l'amour et le respect des peuples pour ses Souverains, je n'en trouve pas de plus frappant, ni qui convienne mieux à la solemnité qui nous rassemble, que cette acclamation des Israélites à la vue de Saül, le premier de leurs Rois : elle a passé à tous les peuples civilisés. Je n'ignore pas qu'une adulation servile a quelquefois applaudi de la sorte à de mauvais Princes, à d'illustres tyrans ; mais, dans la circonstance présente, elle est un véritable transport d'alégresse, un épanchement naturel, l'expression sentimentale du cœur des Français pour cet auguste Empereur que Dieu semble lui avoir choisi

dans les trésors de sa sagesse et de sa miséricorde. Je m'écrierai donc, comme ces
Hébreux : Vive l'incomparable NAPOLÉON !
que le ciel nous a donné comme un prodige,
(*Dedi te in portentum*. Ezech. 12. 6.) et
» qu'il a comblé d'une telle gloire, que nul
» avant lui n'en a eu de semblable. *Dedit*
» *illi gloriam regni qualem nullus habuit*
» *anté eum*. Paralip. 1. 29 ». Et puisque ce
jour est consacré à célébrer l'Anniversaire
de son Couronnement, remontons aux époques célèbres qui l'ont précédé, et qui
dès-lors, en provoquant notre admiration,
sembloient présager cette sublimité de gloire
à laquelle le destinoit le Tout-Puissant, en
lui disant, comme autrefois à Gédéon :
« *Dominus est tecum, virorum fortissime...*
» Dieu est avec vous, ô le plus vaillant des
» hommes : allez dans cette force dont vous
» êtes rempli, et vous délivrerez mon peuple
» de la puissance de ses ennemis. *Judic. 6.*
» 12 ». Oui, j'espère vous faire voir com-
ment il a répondu à ces grands et admirables
desseins, et qu'il est véritablement celui que
le Seigneur a choisi pour remplir les plus
hautes et les plus brillantes destinées. Je ne
m'arrêterai cependant pas à vous retracer
les glorieux commencements de sa carrière,
comme guerrier habile, intrépide, consommé
dans l'art des combats, dans un âge où les
grands Capitaines commençoient seulement à
donner des espérances. Je ne vous parlerai
pas de ses campagnes d'Italie, des fameuses
batailles de Lodi et d'Arcole, puisque d'autres plus fameuses encore nous ont depuis

(5)

étonnés. Mais pourquoi le Héros de notre siècle va-t-il de prodiges en prodiges ? ou disons mieux, en parlant le langage de la Religion, que tout appartient à l'ordre de la Providence, « parce que la main du » Tout-Puissant étoit avec lui. *Etenim manus* » *Domini erat cum illo. Luc.* 1 ». Et dès-lors s'explique le tissu des choses merveilleuses que nous avons tant de fois admirées. Cependant, pour décrire ces merveilles, et avant d'aborder le théâtre de sa célébrité, rappelons ce que nous étions avant son avénement au Consulat, voyons ce que nous sommes aujourd'hui ; par-tout nous verrons, par les signes les plus évidents, que NAPOLÉON étoit choisi de Dieu avant de parvenir à l'Empire. *Certè videtis quem elegit Dominus.* Et que le même Dieu a confirmé son exaltation par la protection la plus signalée, « en » le rendant vainqueur de ses ennemis. *Dedit* » *illi potentiam contra inimicos.* Eccli. 47 ». En un mot, qu'on chercheroit en vain parmi les Princes les plus sages et les plus heureux le modèle de celui que nous avons le bonheur d'avoir pour Souverain. *Quoniam non sit similis illi in omni populo.* Reportons donc nos regards sur notre situation avant que cet élu de Dieu préside à nos destinées, et nous n'en saurons que mieux apprécier notre bonheur présent.

Souvenons-nous donc un moment, et pour les oublier bientôt, de ces jours ténébreux d'anarchie, où Dieu permit aux vents de gronder, à la mer de s'émouvoir, et où la plus terrible tempête s'éleva, nous agita,

et faillit nous engloutir. Ce Dieu irrité « laissa
» sortir du puits de l'abyme une épaisse
» fumée, qui obscurcit le soleil. *Aperuit*
» *puteum abyssi, et obscuratus est sol.*
» Apoc. 9. 1 ». Il parut rompre encore une
fois les cataractes du ciel, non plus pour
détruire le monde par les eaux, mais pour
nous inonder des fléaux de sa colère. Les
passions que nos péchés avoient allumées
rompirent les digues de la justice et de la
raison ; nul frein à la licence, nulle borne
à l'usurpation, à la tyrannie, travesties sous
le nom de liberté. Ne vous étonnez donc
pas, dans un tel cahos de désordre, de voir
les ravages affreux d'une guerre civile, où
des Français, combattus par des Français,
étoient poussés à bout et réduits au désespoir, tandis que l'ennemi étranger menaçoit
nos frontières. Ici des déistes impies, des
philosophes superbes accabloient la Religion
de sarcasmes, tandis que de nouveaux Omar,
des Vandales modernes avoient détruit ou
mutilés les monuments des arts, portant des
emblêmes religieux, et sur-tout les tombeaux, objets de vénération chez tous les
peuples. Que vous dirai-je ? les lois divines
et humaines étoient avilies, les Majestés du
ciel et de la terre violées par des attentats
inconnus jusqu'alors.

Or, dans cette situation malheureuse, à
qui pouvoit s'adresser la voix gémissante
de la patrie ? Le scandale de la confusion,
de la discorde, de l'égoisme sortoit du sanctuaire même de la Législature. O France !
ó ma chère patrie ! si respectable naguères et

pendant plus de douze siècles, mais alors presque effacée du nombre des Puissances de l'Europe ; la paix, cette fille du ciel, étoit proscrite devant l'impiété, la perfidie, la terreur ! « Où trouverai-je donc quelque chose » d'égal à tes maux ? le débordement en est » semblable à une mer ; il est immense ! qui » pourra y apporter quelque remède ? *Cui* » *exequabo te, magna est enim velut mare* » *contritio tua, quis medebitur tui ?* 1. Thren. » 2, 13. » Un Dieu puissant et miséricordieux à-la-fois pouvoit seul te tirer de cet abyme. Ce n'est donc ni à la fortune, ni à un aveugle destin, mais à la Religion seule qu'appartient ce beau monument de notre histoire. C'est en adorant l'œuvre de la Providence que nous admirerons ce nouveau Moyse, échappé des eaux du Nil pour délivrer un grand peuple de l'oppression des modernes Pharaons ; c'est en disant, comme un de ces anciens tyrans : « *Digitus Dei est hic,* » ici est le doigt de Dieu », que nous le verrons sortir des déserts de l'Egypte, et, sous la sauve-garde du Très-Haut, traverser les flots de cette vaste mer couverte des vaisseaux de nos implacables ennemis. Ils auroient sans doute compté pour rien leur bruyant succès d'Aboukir, s'ils avoient pu saisir celui qui, le premier des Français, après un saint Roi, venoit de faire la conquête des superbes villes de Damiette et du Caire. Mais que peuvent les hommes contre les desseins du Très-Haut ? Dieu, qui avoit des vues de paix sur notre patrie, le fit aborder à Fréjus, pour être notre libérateur, dans un moment où nos maux pouvoient encore être réparés. Il arrive donc à l'instant qu'on le croyoit encore sur les rives du Nil. Mais quel heureux et inopiné changement à son arrivée ! Le citoyen paisible respire enfin ; la nation semble sortir d'un profond sommeil, jette un regard autour d'elle, commence à concevoir des espérances, et regarde notre Héros comme le seul capable d'être le restaurateur d'une tranquillité pour laquelle, depuis si long-temps, on formoit des vœux impuissants. Aussi, depuis le retour de David à l'armée d'Israel, après la défaite et la mort de l'infortuné Saül, son persécuteur, celui d'aucun homme connu n'avoit relevé plus d'espérance, ni excité plus d'enthousiasme.

Il arrivoit à la fin d'une révolution la plus étonnante, la plus terrible dont l'histoire fera mention ; révolution qui avoit fait tant de victimes, bouleversé les têtes comme les fortunes ; révolution dont les bons esprits étoient fatigués jusqu'à l'excès : les méchants même, par la satiété du désordre, commençoient à rougir d'en être les auteurs ou les complices. Notre Héros, qui en avoit vu les commencements et les suites, calculé les torts, approfondi les plaies, arrivoit donc instruit par elle, mais pur de ses écarts et de ses crimes. Il pouvoit donc se présenter à tous les partis, les concilier ou les braver tous, et dire : Je suis l'homme de la nation, et non le vôtre ; je n'épouserai aucune de vos querelles ; j'ai seulement la volonté de les terminer toutes.

(9)

Quels droits immortels, disoit-on alors,
ce jeune guerrier obtiendroit à notre reconnoissance, si, après tant de secousses,
d'agitations, il vouloit s'occuper des moyens
de sécher nos larmes ; si, imposant un terme
à la révolution comme à ses conquêtes, il
sentoit le besoin d'ajouter un rameau d'olivier aux nombreux lauriers dont sa tête est
ombragée ; si, supérieur enfin à la fausse
gloire comme à de fausses craintes, il pouvoit se résoudre à saisir les rênes du gouvernement, en les arrachant à des mains
inhabiles et oppressives..... Le ciel propice
« exauça nos vœux, eut pitié de notre afflic-
» tion, et nous tira enfin de la fâcheuse ex-
» trémité où nous étions réduits. *Exaudivit*
» *nos, et respexit laborem atque angustiam,*
» *et eduxit.* Deut. 26. 7 ». Hélas ! tant de
fois on avoit déclaré la patrie en danger ;
et les moyens extrêmes qu'on prenoit pour
le faire cesser ne faisoient que l'aggraver ;
ils rendoient notre situation de plus en plus
allarmante, et presque désespérée. Cependant la justice de Dieu sur nous étoit satis-
faite : après avoir été agités par la plus
terrible des tempêtes, sa bonté ne voulut
pas que nous fussions engloutis dans l'abyme
de nos maux ; elle méditoit dans sa sagesse
les mesures efficaces de nous envoyer un
libérateur.

Enfin le 18 brumaire an VIII arriva, et
avec l'aurore de cette belle journée parut
celle d'un augure favorable pour la patrie.
Notre Héros, de Général subordonné, devenu momentanément Dictateur, fait la loi

aux législateurs : aussi fier et non moins heureux que le Romain Popilius (1), il trace hardiment le cercle des mesures que nécessite le salut de la patrie ; avant qu'ils n'en sortent, il en commande impérieusement l'adoption ; et là enfin (à St.-Cloud) finit la longue et orageuse poligarchie des Français. En ce jour, qui fera une époque mémorable dans nos fastes, Dieu sembloit dire aux gouvernants dépossédés : « *Usque* » *hùc venies, et non procedes ampliùs ; et* » *hic confringes tumentes fluctus tuos.* Vous » viendrez jusque-là, vous ne passerez pas » outre ; et vous briserez ici l'orgueil de vos » flots. *Job.* 38 ». Aussi les destinées de la France reposerent désormais sur la haute expérience et la sagesse du génie tutélaire qui venoit de la sauver. Cependant cette célèbre et importante victoire fut l'affaire d'un moment : je dis importante, tant à cause de ses heureux résultats, que parce que le vainqueur la dut entièrement à sa haute renommée, son expérience et la protection du ciel. Pour y parvenir, il étoit précédé par la gloire ; il fut suivi par le succès, par la force de l'opinion, de la

---

(1) Popilius étant député vers Antiochus, roi de Syrie, pour l'empêcher d'attaquer Ptolemée, roi d'Egypte, ami des Romains, comme Antiochus tergiversoit sur cette demande, Popilius traça, avec sa baguette, un cercle autour de ce Roi, lui ordonnant de n'en point sortir sans donner une réponse décisive de paix ou de guerre. Il fut tellement intimidé, qu'il accorda la paix qu'on lui demandoit.

raison, de la sagesse, le plus noble des triomphes.

Les nombreux ennemis du bon ordre eurent beau cabaler, ils lui opposèrent de vains efforts ; leur temps étoit passé, et n'avoit malheureusement que trop duré. Cette journée, la plus mémorable de la révolution, en ce qu'elle l'a terminé, porta le dernier coup à toutes les factions : le monstre hideux et dévastateur de l'anarchie fut écrasé, comme autrefois le fut, par le jeune David, l'arrogant Goliath, la terreur du peuple d'Israel. Et dès-lors la haute opinion que l'on avoit du génie, de la sagesse de notre Héros, fit concevoir les plus grandes et les plus heureuses espérances.

Tel un vaisseau battu par la tempête, après une longue et pénible course, touche enfin au port où il espère être à l'abri et de l'inclémence des airs et de la fureur du perfide élément ; tel le peuple français, après, le 18 brumaire, commence à respirer sous les heureux auspices du Consulat, et se livre avec joie à tout ce que l'espoir a de plus consolateur. Aussi ne fut-il pas trompé dans son attente ; elle surpassa même ses espérances, quand il vit que son digne Consul s'empressa à sécher les larmes, à fermer de profondes et douloureuses blessures, à dissiper ou à neutraliser les factions, enfin à donner la paix civile et religieuse à tous les esprits, à toutes les consciences. Disons donc, avec le Roi Prophète : *Peuples, bénissons notre Dieu, et faisons par-tout retentir ses louanges ; c'est lui qui a mis notre vie en sûreté.... Oui, vous nous avez éprouvé, ô mon Dieu ; vous nous avez laissé en la puissance de nos ennemis, vous nous avez accablé de tribulations..... Nous avons passé par le feu et l'eau ; mais vous nous avez enfin conduit dans un lieu de repos ; tous nos maux sont effacés ; il ne nous reste plus qu'à accomplir les vœux que nous vous avons promis pendant les jours de notre affliction, qu'à vous témoigner notre reconnoissance et notre amour, en racontant, à ceux qui craignent le Seigneur, tout ce que sa miséricorde a opéré en notre faveur* (Psalm. 65.) par le Héros chrétien que sa divine Providence venoit de ramener si à-propos des plages africaines, pour la consolation d'un grand peuple. Il fixoit dès-lors, par la célébrité la plus imposante, notre confiance, notre admiration, en préludant ainsi à la gloire du diadême dont Dieu devoit ceindre sa tête.

Mais, dans le moment que la France goûtoit en paix les prémices de son heureux changement, elle faillit retomber dans le cahos de désordres dont elle venoit de sortir. Quelques vils suppôts de l'anarchie révolutionnaire, voyant tous leurs sinistres projets déconcertés ; que sais-je ? peut-être aussi les criminels ministres du démon de l'envie, contre le digne régénérateur de la patrie, ourdirent, dans les ténèbres, les trames du plus horrible attentat, pour faire périr notre libérateur par une machine que l'enfer seul pouvoit suggérer. O Eternel, veillez sur le salut d'une tête si précieuse !

(13)

Anges saints, rangez à l'entour vos esca-
drons invisibles, jusqu'à ce qu'il n'y ait plus
de dangers pour lui ! Nous fumes exaucés,
il échappa à cette explosion meurtrière.
« Le Seigneur fut son sauveur et le nôtre
» en ce jour. *Salvavit Dominus in die illa.*
» Reg. 1. 14 ». Il paralisa toutes les combi-
naisons du plus exécrable forfait. Ah ! c'est
véritablement en ce jour que le ciel nous
prouva qu'il vouloit la fin de nos maux, et
que notre bonheur futur étoit irrévocable-
ment assuré. Qui ne l'auroit donc dit, que
cette tentative détestable, ainsi déjouée,
auroit pour toujours déconcerté les cou-
pables ennemis de la France ? Mais ils
méconnoissent le doigt de Dieu, qui pro-
tège si ostensiblement celui que sa Providence a choisi ; ils osent machiner encore
d'horribles projets d'assassinats, pour faire
périr par le fer celui qui venoit d'échapper
à leur infernal complot : mais le ciel, qui
ne cessoit de veiller à sa conservation,
permit encore que le crime fut découvert.
Le glaive de la justice a atteint et fait subir
à l'un le sort que l'autre a prévenu par un
lâche suicide ; et la divine Providence, si
clairement manifestée, nous prouvera toujours que « sa main l'assistera, que son
» bras le fortifiera, de sorte que l'ennemi
» ne gagnera rien à l'attaquer, et que le
» méchant ne pourra lui nuire. *Manus enim*
» *mea auxiliabitur ei, et brachium meum*
» *confortabit eum ; nihil proficiet inimicus*
» *in eo, et non apponet nocere ei.* Psalm.
» 88. »

Mais n'anticipons pas, et disons un mot des glorieux commencements du Consulat. Les nuages de la guerre étrangère et domestique chargeoient encore l'horizon ; l'Italie, naguère le théâtre des hauts faits de nos armes, étoit envahie ; les désastreuses batailles de Plaisance et Novi avoient été un revers funeste à nos armées : notre Héros les connoît, et médite dans son génie un coup aussi foudroyant qu'inattendu, pour reconquérir ces riches et riantes contrées ; il gravit, avec bon nombre de braves, les âpres et hautes montagnes des Alpes, ce qu'on n'avoit pas vu depuis le fameux passage d'Annibal, il y a plus de deux mille ans. Mais plus habile et plus heureux que ce fier Carthaginois, il sut mieux vaincre et mieux profiter de sa victoire ; il fond, avec la rapidité de l'aigle, dans les plaines de Milan, sur un ennemi qui s'y attendoit le moins ; il gagne, sur le Général Mélas et sa nombreuse cavalerie, la célèbre bataille de Marengo, qu'on pourroit appeler la plus brillante de sa vie, si celle dont nous célébrons l'anniversaire ne l'avoit surpassée encore. Cette mémorable victoire fut décisive, puisqu'elle nous valut, sans d'autre coup férir, la reprise de Gênes, du Piémont, de la Lombardie.

Ce qui avoit coûté deux années d'efforts aux ennemis fut le fruit de cette mémorable journée. De si glorieux succès en Italie, et ensuite en Allemagne par l'armée du Rhin, amenèrent enfin la paix de Lunéville. Celle d'Amiens avec l'Angleterre la suivit de près ;

mais elle dura peu de temps avec de perfides insulaires, nos ennemis irréconciliables, toujours jaloux de notre prospérité, de notre gloire.

Pendant ce court espace de temps que dura la paix sur le continent, notre héros s'occupa avec autant d'activité que de sagesse, de tout ce qui pouvoit concourir à la régénération publique. Il visita les villes les plus importantes de la France. Bien différent de ces législateurs ambulants, que les allarmes, la terreur précédoient et accompagnoient autrefois dans leurs courses, il répandoit la sérénité, la confiance dans tous les cœurs. Par-tout il ranima le commerce, l'industrie ; encouragea les arts, les sciences ; il eut soin sur-tout de mettre en place des hommes probes, animés de son esprit, et qui étoient dignes par leur modération de consolider le Gouvernement, et de le rendre aimable aux gouvernés.

Je vous disois que dès son avénement au Consulat il avoit promis de travailler à procurer la paix civile et religieuse à la fois. Aussi pour parvenir à cette fin désirée n'eut-il rien tant à cœur que de porter ses regards paternels vers cette région ravagée par la guerre civile la plus inhumaine. Hélas, malheureuse France ! n'avois-tu pas assez d'ennemis, sans tourner tes mains contre tes propres enfants ? quelle fatale influence te porta à répandre leur sang ? Que ne peut-on effacer ces tristes années de notre histoire, et en dérober la connoissance à la postérité ! Mais, puisqu'il est impossible de passer sur une époque que tant de désastres ont trop vivement marquée, montrons-la du moins avec l'artifice de ce peintre qui pour cacher la difformité d'un visage, inventa l'art du profil; n'en disons qu'autant qu'il est nécessaire, pour relever la gloire de notre héros: montrons cette triste contrée depuis nombre d'années plongée dans le deuil, les larmes et le désespoir, couverte d'incendies, de tombeaux et de ruines, comme le furent autrefois plusieurs de nos cités par le féroce Attila : faisons voir ces habitants désolés, entendant pour la première fois le doux nom de paix, de patrie. Aussi quel spectacle attendrissant ! Ces hommes, tant de fois exaspérés par les traitements les plus barbares, commencent à respirer, à s'adoucir; ils redeviennent des citoyens paisibles, membres de la grande famille des Français. L'aurore d'un jour serein semble sortir des ténèbres, et luire à leurs yeux : c'est le calme qui succède à la tempête. Dès qu'ils sont assurés qu'ils pourront en toute liberté professer la Religion sainte de leurs ayeux, ils sont désarmés; les ravages d'une guerre tyrannique les avoit aigris, la voix d'un seul homme les soumet en les réconciliant à la patrie ; ils reconnoissent avec nous, dans la bienveillance de leur pacificateur, celui que *le Seigneur a choisi*; ils l'écoutent avec attendrissement : et dès-lors cette province consolée se rattache au libérateur de la France, et prépare ainsi glorieusement sa pacification religieuse.

C'est donc ici sur-tout que nous allons clairement

clairement reconnoître l'élu de Dieu, l'exé-
cuteur fidèle de ses desseins , le nouveau
Judas Machabé qui relève avec succès la
gloire du temple du Seigneur, son culte, sa
loi, ses autels. C'est sur-tout par ce grand
bienfait que le Dieu qui l'a choisi veut lui
concilier à jamais les affections de nos cœurs
reconnoissants. Bien éloigné d'imiter ces
conquérants barbares qui insultent aux autels
des nations conquises, le héros de la France
respecta, dans tous les temps et les lieux, les
cultes des peuples. Mais c'est sur-tout la
Religion Catholique, celle de ses pères, qui
obtint de sa part le respect le plus profond,
la prédilection la plus marquée, parce qu'il
est pleinement convaincu de sa divinité. Il
sait combien cette Religion est pure dans sa
doctrine , sage dans ses loix , raisonnable
dans ses motifs , consolante dans ses pro-
messes, solide dans son autorité, avantageuse
dans sa pratique. Religion sainte, sortie des
mains de Dieu, parvenue jusqu'à nous avec
dix-huit siècles de respect ; qui ne conseille,
ne commande que des actions vertueuses, ne
condamne que le vice; qui feroit le bonheur
de toutes les sociétés, si chacun en suivoit les
principes: oui, et, dans cette hypothese, la
vérité, la bonne foi, la paix, la décence ré-
gneroient par-tout ; on n'auroit besoin ni de
lois pénales , ni de Juges ; un vaste état
comme la France ne seroit qu'une nombreuse
famille de frères qui couleroient des jours
heureux et paisibles. Est-il rien au monde
qui fasse mieux son éloge que de voir qu'on
devient toujours plus honnête homme à

B

mesure qu'on la suit de plus près ; et que c'est au contraire en violant ses préceptes que se forment les ames noires, les traîtres, les parjures et tous les hommes vicieux qui affligent la société ou la troublent. Disons encore que le débordement des maux qui nous ont tant affligés ne venoit que du mépris outrageant qu'on avoit fait de ses saintes lois.

Cependant vous le savez, combien cette Religion sainte avoit été avilie, calomniée et proscrite pendant ces orageuses années d'agitations, de deuil et de larmes. Ah ! le cœur du vrai chrétien saigne encore, quand il reporte ses regards vers ces scandaleuses époques du dépouillement, de la profanation de ce que nous avions de plus vénérable : c'est bien alors que nous pouvions véritablement dire avec un saint Roi : « Seigneur, les » nations sont venues dans votre héritage ; » elles ont profané vos saints temples ; elles » ont conspiré ensemble en disant : faisons » cesser de dessus la terre toutes les fêtes » consacrées au Tout-Puissant. *Deus, vene-* » *runt gentes in hæreditatem tuam, pollue-* » *runt templum sanctum tuum.* Ps. 78. *Dixe-* » *runt in corde eorum simul, quiescere facia-* » *mus omnes dies festos Dei à terra.* Ps. 73 ». Temps à jamais de lamentable mémoire, où tous les liens qui établissent la dépendance de la créature envers le Créateur sembloient brisés ; où la franchise, la sensibilité, la modération même, cette aimable vertu, l'apanage de la sagesse, étoient suspectes ; où enfin, jusque dans le sanctuaire même de la loi, on faisoit sans pudeur l'apothéose de

(19)

l'immoralité, de l'apostasie même qui étoit ré-
putée patriotisme ! Mais que dis-je, ce seroit
trop rembrunir l'imposant tableau de cette
fête triomphale ; ce seroit provoquer l'horreur au lieu de l'admiration que de retracer
les écarts de ce pitoyable système qui, en
ôtant aux actions humaines toute responsa-
bilité future, toute récompense à venir, ôtoit
le plus puissant frein du vice, et au malheureux l'espoir, le seul contrepoids consolateur de ses misères ; il démentoit ainsi dans
le fait ces proclamations placardées de l'exis-
tence de l'Etre suprême, et de l'immortalité
de l'ame, dont le sentiment est dans la nature
aussi bien que dans la religion. Enfin le désiré
moment arriva qu'on vit imposer un terme
à cette irréligieuse et désespérante législation. Il fut permis de servir Dieu et sa patrie
à la fois, sans encourir l'odieuse et triviale
imputation de fanatiques. Mais ce qui acheva
de porter le calme et la consolation dans les
consciences les plus timorées fut la publica-
tion du Concordat, cet acte solemnel passé
avec le Souverain Pontife dont la respectable
autorité étoit méconnue depuis si longtemps.
Il réconcilia pour ainsi dire les hommes
divisés d'opinion avec les hommes, et la
France avec Dieu. Sous les auspices d'une
sage et vertueuse législation la Religion enfin
rétablie et protégée, commença de répandre
publiquement dans les cœurs, ses encoura-
gements, ses espérances et ses terreurs salu-
taires qu'elle oppose aux débordements des
passions. Enfin les divisions de ses Ministres,
les troubles, les querelles religieuses qui

ajoutoient encore à la désolation de l'Eglise,
furent pour jamais bannis du Sanctuaire ; et
par-tout rétablit l'uniformité , l'harmonie
entre des hommes qui ont la même foi , les
mêmes espérances. Et ce bienfait qui relève
tous les autres fut encore l'ouvrage de la
piété , de la sagesse du héros incomparable
de notre siècle. Il fut prédestiné du ciel pour
nous rendre le paisible et majestueux exer-
cice de notre Religion avec la hiérarchie
canonique et vénérable de ses Ministres,
comme le fut autrefois le grand Cyrus pour
rendre les Juifs à leur patrie, leur liberté,
leur culte, leur permettre, les aider même
à rebâtir le temple de Jerusalem après une
longue et dure captivité (de 70 ans).

Or, après un bienfait si signalé, après tant
d'actions vertueuses en même temps héroïques ; après les signes évidents qui nous
montroient clairement et l'élection et la
protection spéciale du Seigneur, que nous
falloit-il de plus pour faire naître et affermir
dans les cœurs français le vœu unanime qui
s'est manifesté de toute part, qu'une tête si
précieuse fût couronnée et reçût l'onction
sainte qui sacre les Rois chrétiens. Ce vœu
sans doute n'étoit que l'effet des desseins de
la Providence. Il étoit juste que notre amour,
nos hommages qui lui étoient acquis à tant
de titres, fussent stimulés encore par l'éclat
de cette dignité suprême qui rapproche en
quelque sorte les hommes de la divinité dont
ils sont les images vivantes sur la terre. *Ego
dixi dii estis vos.* (Ps. 81). C'est ainsi qu'autrefois le peuple de Dieu, après la défaite et

la mort de l'infortuné Saül , vint trouver David à Hébron, lui déféra les honneurs de la royauté sur toutes les tribus d'Israel, et lui parla de la sorte : « Il y a déjà long-temps, » lorsque Saül étoit notre Roi , que vous » conduisiez Israel au combat, et que vous le » rameniez victorieux. Nous savons que c'est » à vous que le Seigneur a dit : c'est vous » que j'ai choisi pour être le chef de mon » peuple d'Israel. *Venerunt universæ tribus* » *Israel in Hebron , dicentes : sed heri et* » *nudiustertius , cùm esset Saul super nos,* » *tu eras educens et reducens Israel. Dixit* » *autem Dominus ad te : tu pasce populum* » *meum , et tu eris dux super Israel.* 2. » Reg. v. 1. ». Aussi voyons-nous ici les mêmes circonstances qui ont amené ce grand événement : notre patrie étoit affligée et dé-chirée en tous sens par des ennemis domes-tiques et étrangers , comme l'étoit autrefois le peuple de Dieu par les arrogants Philis-tins ; n'étoit-il donc pas juste que NAPOLÉON ce nouveau David qui venoit si à propos de nous consoler en relevant nos espérances, parvînt à la souveraineté dont la privation nous avoit été si funeste. Et quelle autre place qu'un trône auroit été digne d'un tel héros? N'avoit-il pas dans un degré éminent la grandeur d'ame et les vertus qui font les bons Rois? Il prit donc les rênes du gouver-nement aux acclamations mille fois répétées d'un peuple immense qui s'empressoit à le voir monter sur le trône de Charlemagne, dont il avoit la sagesse, la magnanimité, la valeur. Et qu'auroit dit la postérité, s'il en

eût été autrement ? Que nous avions manqué
à la volonté de Dieu si précisément manifestée ;
que notre insouciance et notre ingratitude
étoient impardonnables ; elle n'auroit pas dit
de notre Héros comme du dernier des Valois
(*Henry III*), qu'on l'auroit cru digne d'être
Roi, s'il ne l'eût jamais été : au contraire,
après la funeste expérience que nous venions
de faire de l'instabilité et des agitations insé-
parables d'un gouvernement polygarchique,
elle auroit témoigné son étonnement qu'on
n'ait pas profité du bonheur que la Providence
nous offroit. Et quel bonheur, de trouver
dans NAPOLÉON un Souverain sage, expéri-
menté, pour désormais asseoir nos destinées
sur des bases justes et inébranlables. Applau-
dissons donc à la prévoyante sagesse du
Sénatusconsulte qui, en secondant nos vœux,
a déclaré cette Souveraineté héréditaire dans
son auguste Famille, afin d'assurer notre
prospérité, nos triomphes, dont l'expérience
du passé nous donne de si favorables pré-
sages pour l'avenir. Disons donc encore avec
le Roi Prophète : « C'est le Saint d'Israel, le
» Seigneur qui nous a donné notre Roi, qui
» l'établira le premier, l'élevera au-dessus
» des autres Souverains de la terre, et fera
» subsister son trône dans une longue posté-
» rité. *Quia Domini est assumptio nostra et*
» *sancti Israel regis nostri. Et ego primo-*
» *genitum ponam illum excelsum præ regi-*
» *bus terræ, et ponam in sæculum sæculi*
» *semen ejus.* Ps. 88 ».

Le Souverain Pontife PIE VII. qui gou-
verne si glorieusement l'Eglise révéroit avec

nous ces sublimes et divines vérités, lorsque
pour donner plus d'éclat à son couronnement, et le sanctionner par ce que la Religion a de plus sacré, il entreprit un long et
pénible voyage, il vint répandre l'huile sainte
sur cette tête illustre que le Seigneur sembloit
lui désigner comme autrefois Saül à Samuel,
en lui disant : » Je vous enverrai un homme
» que vous sacrerez pour être le chef de mon
» peuple. *Mittam virum ad te, et unges eum*
» *ducem super populum meum.* Vous lui don-
» nerez une épée d'or, et lui direz : prenez
» cette épée sainte comme un présent que
» Dieu vous fait, et avec lequel vous ren-
» verserez les ennemis de son peuple. *Accipe*
» *gladium sanctum munus à Deo, in quo*
» *dejicies adversarios populi mei.* Machab.
» liv. 2. c. 15. ». Ce fut pour la deuxième fois
qu'un Prince de France reçut cet honneur
religieux des mains d'un Vicaire de J. C. Il
est venu sanctifier par le sceau le plus respectable de la Religion, l'autorité suprême
dont déjà NAPOLÉON étoit revêtu, resserrer
les liens qui unissent entre eux un Souverain
et des sujets chrétiens, rappeler au Monarque ses obligations au nom du Roi des Rois,
et recevoir le redoutable serment de les accomplir. Ainsi ce couronnement dont cette
fête nous retrace la mémoire fut célébré sous
les auspices de ce que la Religion a de plus
majestueux, de plus imposant, avec toute la
pompe et la magnificence que peut déployer
une nation généreuse et reconnoissante ; elle
y assista toute entière en quelque sorte par la
réprésentation nombreuse de tous les Ordres

de l'état qui furent avec attendrissement les témoins de la plus auguste cérémonie qui fut jamais. Et ici qu'il me soit permis d'exposer le contraste frappant qui se trouve entre cette brillante époque et un événement scandaleux antérieur de quelques années. Ce sera une ombre au tableau, qui servira à le relever, en nous faisant reporter vers Dieu un glorieux changement qui démontre et les trésors inépuisables de ses bontés, et les ressources merveilleuses de son adorable Providence.

Vous pouvez en effet vous rappeler qu'en l'an 7, Pie VI. de respectable mémoire fut inhumainement enlevé de son palais du Vatican, ravagé sans respect ni pour sa dignité, ni pour ses cheveux blancs ; qu'il fut indignement promené de ville en ville, pour ne pas dire de prison en prison, sans lui donner de repos. Ce vénérable vieillard dont la contenance auguste auroit encore forcé un Alexandre, un Attilla (*) de lui rendre hommage. Mais tous les habitants des hautes Alpes, de l'Isère et de la Drome s'empressant

---

(*) Jaddus grand Sacrificateur des Juifs, étant allé au devant d'Alexandre qui menaçoit la ville de Jérusalem, dès que ce Prince l'apperçut, plein d'un profond respect, il s'inclina, adora le Nom de Dieu écrit sur une lame d'or attachée à la thiare du Pontife, l'embrassa avec une vénération religieuse, et lui accorda ce qu'il voulut, quand il lui eut fait voir la Prophétie de Daniel, qui annonçoit la destruction de l'empire des Perses par le roi de Macédoine.

Attila, le fléau de l'Europe au 5.e siècle, étant entré en Italie après avoir saccagé plusieurs villes

de le voir, et tombant aux pieds de l'illustre captif ont glorieusement confondu le vain et sacrilège projet de décatholiser la France, et prouva que les fondements de l'Eglise établis sur la pierre ferme, étoient plus solides qu'aucune institution humaine, et surtout la frêle constitution de l'an 3, qu'il n'a fallut qu'un jour et un homme pour renverser. Vous savez que ce digne Vicaire de J. C. rassassié d'opprobres, mais en voyant l'empressement religieux des fidèles, consolé de croire les Français dignes encore des miséricordes du Seigneur, expira à Valence, plus grand encore par sa constance et l'héroisme de sa Religion qu'il ne l'avoit été dans des jours sereins, avec l'appareil majestueux de la thiare pontificale. Vous n'ignorez pas non plus, et vous apprécierez cet acte religieux, que le digne Souverain que nous célébrons, alors Consul, a pris le ciel et la terre à témoins combien cette froide et systématique inhumanité étoit révoltante, puisqu'il a fait ériger à Valence même un monument expiatoire de cette sacrilége persécution, pour attester les siècles présents et futurs que la France auroit une éternelle horreur de cet indigne traitement. Il souleva à juste titre l'indignation générale, jusques-là que des Calvinistes, en la détestant, devinrent les

---

de France, et menaçant Rome d'un pareil sort, fut détourné de son projet par le Pape St. Léon, qui vint à sa rencontre, et reçut de grands honneurs de ce barbare, qui se nommoit lui-même le fléau de Dieu.

apologistes du Pontife persécuté, et le pro-
clamerent vrai martyr de l'Eglise. (*Mallet
du Pan*).

Quel contraste frappant et consolant à la
fois entre cette honteuse époque et celle du
glorieux couronnement de notre Empereur.
Dans ces temps malheureux où on ne pro-
fessoit publiquement que haine pour les Rois,
et mépris pour la vraie Religion, qui auroit
osé prévoir que quelques années après les
humiliations sacrilèges et les traitements impies exercés contre le vénérable Pontife, son
successeur immédiat, nouvel Onias, comblé
des distinctions et des honneurs dus à son
rang, viendroit entouré de toute la majesté
de la Religion, donner l'onction sainte
au digne Souverain qui venoit d'abattre la
puissance de ces persécuteurs impies. Point
d'autre, sans doute, ne pouvoit prévoir un
changement si inespéré, que celui qui voit
l'avenir comme le présent, que le Tout-
puissant qui deux cents ans avant l'événement avoit fait entendre cette prédiction par
son Prophète Isaie (44): « Voici ce que dit
» le Seigneur: à Cyrus, vous accomplirez ma
» volonté: à Jérusalem, vous serez rebâtie:
» au temple, vous serez fondé (*de nouveau*).
» *Qui dico Cyro... omnem voluntatem meam*
» *complebis. Qui dico Jerusalem: œdifica-*
» *beris; et templo: fundaberis.* » Admirons
donc ici les décrets de l'admirable Providence qui permet quelquefois un libre cours
à l'impiété pour nous étonner et nous rassu-
rer ensuite par les prodiges de sa bonté et
de sa puissance.

(27)

Pendant le long séjour que fit dans la Capitale de la France le respectable Chef de la
Capitale du monde chrétien, il fut à même
de se convaincre que les nombreux écarts
contre la Religion, que l'on ne nous avoit que
trop justement reprochés, étoient en grande
partie les effets de l'oppression et de la tyrannie. Il s'en retourna comblé des hommages
respectueux d'un peuple immense qui s'esti-
moit heureux de l'avoir possédé et d'avoir
reçu ses bénédictions paternelles et aposto-
liques.

C'est pour retracer le jour mémorable de
ce couronnement, vos devoirs envers le
Prince et la Patrie et sur-tout l'anniversaire
d'une victoire à jamais célébre dans nos annales que cette Fête est consacrée. Mais que
la première effusion de nos cœurs rende au
Très-Haut d'immortelles actions de graces
de nous avoir donné dans sa miséricorde un
Souverain si pieux , si vaillant, si magnanime, sacré sous de si heureux auspices, et
dont le règne nous promet la prospérité et
la gloire. Disons donc : *Hæc dies quam fecit
Dominus* (Ps. 117). *C'est ici véritablement
le jour que le Seigneur a fait* en notre faveur,
pour nous consoler après tant de mauvais
jours d'anarchie. Cette joie avoit commencé
dès les premiers moments du Consulat ; l'élévation de notre héros à l'Empire , et son
couronnement en fut le complément, en y
mettant le sceau de la Religion ; l'un et l'autre
a comblé nos vœux, assuré nos espérances.
Mais pourquoi, me dira-t-on, ai-je remonté
à des époques éloignées pour parler d'un

événement récent, objet spécial de la fête?
C'est que j'ai essayé de raconter les princi-
paux faits de la carrière publique de notre
Auguste Empereur , afin de mieux faire
apprécier combien il s'est rendu digne de la
couronne qu'il porte si glorieusement, et par
quels traits ostensibles la divine Providence
s'est manifestée dans son exaltation. Cependant pour satisfaire à votre impatience , et
completter l'objet de cette fête, je me hâte
d'arriver avec vous dans les vastes pleines de
la Moravie, sur les champs d'Austerlitz.

Quelle fut donc la cause qui amena une
victoire si mémorable, à près de deux cent
lieues de nos frontières dans une région où
les armes françaises n'avoient jamais pénétré.
Il n'en faut pas chercher d'autre que l'am-
bition, source trop commune des fléaux de la
guerre qui désolent si souvent le globe ; la
gloire, la prospérité de NAPOLEON, Souverain de la plus belle Monarchie du monde ;
la rivalité, la jalousie des autres Souverains ;
les conseils ineptes et perfides de quelques
illustres intrigants ; mais sur-tout les insti-
gations, les guinées corruptrices de l'Angleterre notre éternelle rivale : tels sont les
motifs d'une guerre si fatale à ses aggresseurs, si glorieuse à notre Monarque qu'on
vouloit vaincre ou humilier. Se réposant avec
une loyale sécurité sur la bonne foi des
traités, il dut en apprendre les préparatifs
avec surprise, mais sans les redouter, avec
le sang froid d'un guerrier que l'expérience
et la protection du ciel guident dans les
combats en attachant constamment la victoire

à son char. Aussi, se préparer à déjouer ces projets hostiles, arriver des bords de l'Océan sur les rives du Rhin, le passer avec nos braves, culbuter les premières phalanges autrichiennes, les mettre en pleine déroute à Dierstein, à Gunzbourg, entrer triomphant dans la Capitale de l'Autriche qu'une armée innombrable de Turcs avoit autrefois inutilement assiégée (en 1683) ; en un mot, voir par-tout les aigles germaniques fuir épouvantées devant les aigles françaises, et compter nos victoires par nos combats. Ces succès prodigieux, et que l'on croiroit fabuleux, si l'on n'en étoit les témoins, furent l'affaire de quelques semaines ; que dis-je de quelques jours. Ce n'est pas tout, en voyant tant de villes aussi-tôt prises qu'assiégées, ne crut-on pas voir revenir le temps des miracles où les murailles tomboient au bruit des trompettes ? Oui, sans doute, et l'on vit réalisé ce que Dieu annonçoit par un Prophète :
» Voici ce que dit le Seigneur à Cyrus que
» j'ai établi Roi, que j'ai pris par la main
» pour lui assujettir les nations, pour mettre
» les Rois en fuite devant lui, lui ouvrir
» toutes les portes, sans qu'aucune lui soit
» fermée ; je marcherai devant lui, j'humi-
» lierai les grands de la terre (en sa présence).
» C'est moi qui lui ai mis les armes à la main.
» *Hæc dicit Dominus christo meo Cyro,*
» *cujus apprehendi dexteram ut subjiciam*
» *antè faciem ejus gentes, et dorsa regum*
» *vertam, et aperiam coram eo januas, et*
» *portæ non claudentur. Ego antè te ibo : et*
» *gloriosos terræ humiliabo... Accinxi te.*
» Isai. cap. 45. v. 1. 2. 5. ».

Cependant, au milieu de ces glorieux succès qui auroient enflé le cœur de tout autre que d'un Héros chrétien et pacifique, Napoléon ne respirant que la paix, avoit eu la générosité de l'offrir aux vaincus, avant de voler à de nouveaux triomphes. Mais on la dédaigna avec arrogance ; la présomption même la plus outrageante ose proposer des conditions inadmissibles pour l'honneur de nos armes, parce qu'aux bataillons dispersés par la frayeur, vient de se réunir une armée nombreuse de Russes fraîchement arrivés. Voilà donc les plaines de la Moravie couvertes de plus de deux cents mille combattants bouillants d'ardeur et d'impatience ; les uns pour soutenir la gloire de leur nom, les autres pour se venger de l'opprobre de tant de défaites ; tous pleins de courage à la vérité, mais les nôtres avec une noble assurance, les ennemis avec le délire de l'imprévoyance et de la témérité, accélérant des destinées bien différentes. Je dis témérité ; car attribuant à la peur, à la consternation les savantes démarches, les mouvements rétrogrades de notre armée, ils s'animent à la poursuivre, et arrivent imprudemment dans cette plaine célèbre, où ils doivent subir une défaite telle qu'on en chercheroit en vain une semblable dans les Annales de tous les peuples. Voici donc le moment inévitable du combat. Grand Dieu ! quel spectacle terrible que la guerre. Quoi ! des hommes qui ne se connoissent pas, vont s'entre-tuer avec acharnement. Oui, la trompette sonne, le signal est donné.

(31)

Déjà j'entends les cris effroyables de nos imprudents aggresseurs. J'entends de toutes parts tonner avec un horrible fracas ces foudres de bronze inventés pour la destruction. Ah, Seigneur ! délaisseriez-vous maintenant ce grand Homme, gage précieux pour nous de vos miséricordes et de votre puissance ? Non ; vous le couvrirez de votre égide, lui et ses valeureux soldats. Ils espèrent tout de votre protection tutélaire. « Ils savent que la victoire ne dépend point
» de la grandeur des armées, mais que
» c'est de vous que vient toute la force.
» *Quoniam non in multitudine exercitûs*
» *victoria belli, sed de cœlo fortitudo est.*
» Machab. lib. 1, c. 3 ». Ils disent avec l'Ecriture à leurs ennemis : « Nous avons
» l'expérience pour nous, vous devez con-
» noître notre valeur. *Fortes sumus ad*
» *prœliandum.* Jerem. 48. Vous en aurez
» la preuve en voyant vos hommes les plus
» beaux et les plus courageux périr dans
» le combat. *Pulcherrimi viri tui gladio*
» *cadent et fortes tui in prœlio.* Isaie 3, 25 ».
En effet, l'aurore d'un beau jour, du jour anniversaire du couronnement, déjà si mémorable dans nos fastes, arriva, et une victoire aussi complette que brillante, servit à le célébrer et en rappeler le souvenir avec enthousiasme, avec des cris d'alégresse mille fois répétés de *Vive l'Empereur.* Mais quoi ? des cris d'alégresse sur un champ de mutilation, de carnage et de mort. Oui, notre auguste Souverain se montre à ses généreux soldats, et la joie éclate dans tous

les cœurs , dans tous les rangs. L'un lui
montre un brillant équipage , l'autre un
drapeau enlevé dans le combat ; celui-ci
un ennemi désarmé, l'autre une honorable
blessure ; tous se félicitent d'avoir par ce
triomphe augmenté les trophées de sa gloire,
affermi sa Couronne et l'honneur du nom
français. Tous regardent comme un bienfait
du Ciel la mémorable coincidence du jour
de cette victoire avec celui de son sacre.
Solemnitas Domini anniversaria est. Judic.
21. Ce n'est donc pas un bonheur fortuit ,
un aveugle hasard ; ce n'est pas le génie
seul du Souverain, avec l'intrépidité de
ses braves qui , après un an révolu , à
l'heure même qu'il avoit reçu l'Onction
sainte, l'a rendu si glorieusement vainqueur
de ses ennemis ; c'est la divine Providence
qui a « sanctionné aux yeux des nations
» l'élévation à l'Empire de celui qu'elle avoit
» choisi. *Confirmavitque Dominus regnum*
» *in manu ejus.* Paralip. lib. 1, 17 ». Aussi
imita-t-il la religieuse reconnoissance de
Judith , en nous invitant « de mettre le
» jour de cette Fête au nombre des saints
» Jours, et de l'honorer comme une Fête
» solemnelle. *Dies autem hujus victoriæ in*
» *numero Dierum sanctorum accipitur et*
» *colitur.* Judith 16, 31 ». Vous n'ignorez
pas que n'abandonnant rien au hazard de
ce qui devoit être conduit par la prudence ,
il avoit dans son génie calculé et dirigé
toutes les savantes manœuvres de ce mémorable combat, et qu'il le vit avec une
sérénité héroïque et l'assurance du succès,

tandis

tandis que les souverains ennemis furent
les tristes spectateurs d'une déroute bien
humiliante sans doute pour leur orgueil.
Ils furent à même de se convaincre que
celui dont ils rivalisoient la gloire, méritoit
une couronne et savoit la soutenir; ils eurent
la confusion de se voir humiliés par un Héros
qui, sûr de la victoire, leur avoit si généreusement offert la paix; Héros dont la
valeur efface celle de l'ancienne Rome et
de la Grèce. Oui, on peut le dire avec un
noble orgueil, qu'on rappele chez les Grecs
et les Romains les Capitaines les plus fameux,
les Thémistocle, les Alexandre, les Pirrhus,
les Annibal, les Scipion, les César et les
Pompée, NAPOLÉON vous paroîtra encore
plus grand que tous ces grands hommes de
l'antiquité; il a éclipsé leur gloire, surpassé
leur génie : la postérité, en lisant nos annales et l'histoire des Conquérants, mettra
au premier rang ce Souverain qui, dans
toutes ses conquêtes, n'a ambitionné que
la magnanime satisfaction de donner la paix
aux vaincus. Je ne prétends pas ravir à
ces Guerriers fameux, les justes droits qu'ils
ont à la renommée; mais leurs faits que le
burin de l'histoire nous a transmis, n'eurent ni l'éclat, ni la constance, ni la rapidité de nos triomphes. Le Dieu des armées,
quoique tout-puissant, n'est pas prodigue en
héros accomplis sous tous les rapports de
la célébrité; il n'en avoit qu'un à donner en
spectacle à l'univers, c'étoit NAPOLÉON I.er,
qu'il réservoit à notre siècle, pour la gloire,
l'honneur de notre Patrie, pour être la tige

à jamais mémorable de la quatrième Dynastie des Français. Il est grand dans la guerre, grand dans la paix. Arbitre tout-puissant d'un invincible Empire, plus maître encore du cœur de ses sujets heureux, qu'a-t-il à désirer ? Qu'un usage long et paisible des jours qu'il a reçus pour eux. Protégé du Ciel avant et depuis son avénement au trône, *c'est Dieu qui dresse ses mains aux combats*, et rend la victoire fidèle à ses étendards. *Qui docet manus meas ad prælium et digitos meos ad bellum.* Ps. 143. Et un Prophète pourroit encore lui dire : « O Roi ! vous » êtes devenu puissant ; votre grandeur » s'est accrue et élevée, votre puissance » s'est étendue jusqu'aux extrémités du » monde. *Tu es Rex qui magnificatus es* » *et invaluisti ; magnitudo tua crevit et* » *pervenit usque ad cœlum et potestas tua* » *in universos fines terræ.* Daniel 4, 19 ». Mais ce qui met le comble à l'héroïsme d'un si illustre Vainqueur, c'est la magnanimité qui succède à sa valeur, en adoucissant les horreurs de la guerre. Ce grand jour de triomphe est encore pour lui un jour de clémence. Autrichiens et Russes blessés dans ce combat, sont traités, autant qu'il est possible, avec la même humanité que le Français victorieux.

Après la victoire, NAPOLÉON ne connoît plus d'ennemis : toujours grand, toujours magnanime au sein de la victoire même, où on a vu tant de vainqueurs ensanglanter la scène de leurs triomphes, il donne l'exemple à ses braves de porter des secours à des milliers de victimes qui, imprudemment engagés sur des marais glacés et fracassés sous leurs poids, y luttoient contre une mort certaine, après avoir été épargnés par le fer et le feu dans le combat. Et voilà aux yeux du vrai philantrope, les plus précieux trophées de la victoire, sa clémence envers les vaincus. *Signum clementiæ monstrabatur.* Æsther. 8, 3.

Et qui n'auroit donc pensé qu'après des succès aussi éclatants, nous allions jouir d'une paix durable, qu'aucune Puissance n'auroit désormais l'audace de la troubler? Mais de quoi n'est pas capable l'aveugle présomption, l'orgueil aiguillonné par l'odieuse rivalité. Un roi, depuis nombre d'années, notre intéressé et intéressant allié, qui auroit dû être sagement instruit par la renommée de nos armes, sur-tout dans les plaines de la Moravie ; un roi qui sembloit de bonne foi n'avoir pas voulu faire cause commune avec nos ennemis, le Roi de Prusse, en un mot, par une témérité inconcevable et par je ne sais quel fatal prestige, vient encore de nous provoquer, et à sa confusion, surcharger de nouveaux lauriers la bravoure française. Mais cent trente mille hommes, dont plusieurs élèves du grand Frédéric, vaincus à Jena par les élèves du grand NAPOLÉON, ont dû d'abord le déconcerter et le convaincre que, sous les plus heureux auspices, « nos armées ont le Seigneur » même pour garant du succès de la victoire » et d'une constante prospérité. *Victoriæ » et prosperitatis sponsorem cum virtute*

» *Dominum habentes.* Machab. lib. 2, c. 10 ».

Que ses vastes Etats soient hérissés de forteresses, qu'à ses nombreux bataillons la plus formidable Puissance du Nord réunisse ses troupes aguerries, cet appareil menaçant pourroit en imposer à d'autres qu'à des Français. Mais quelle Puissance créée pourroit arrêter la marche triomphale de leurs phalanges conduites par un Héros protégé du Ciel? Oui, Spandeau, Magdebourg, Breslaw, Stetin, Glatz, la superbe Dantzik, Kœnisberg-la-royale, et tant d'autres, ouvrirent leurs portes et subirent la loi du Vainqueur. Enfin, c'est à Friedland que les plus hautes et les plus consolantes destinées s'accomplissent ; c'est là qu'après avoir admiré le Conquérant, nous allons contempler et chérir le Pacificateur. C'est après cette victoire, digne rivale d'Austerlitz, que quatre cents mille soldats laissent tomber les armes, et que cent millions d'hommes vont obtenir le repos. C'est là enfin que trois Souverains, par leur réunion auguste et mémorable, travaillent de concert à consoler l'humanité. Fleuve fortuné de Niemen ! combien ne t'es-tu pas réjoui de porter sur tes eaux et sous un même pavillon les deux plus grands Potentats de l'Univers ? l'un arbitre de la guerre, arbitre du destin de ses rivaux, déposant les foudres de Mars ; l'autre désarmé, ravi et subjugué une seconde fois par la magnanimité de son Vainqueur. Et toi, foible cité de Tilsit ! quelle célébrité ne vas-tu pas acquérir par le séjour pacifique qu'ont fait dans ton enceinte ces

Monarques naguère belligérants ? De quel heureux présage n'est pas ce rapprochement inespéré ? De combien de peuples n'a-t-il pas comblé les vœux, en donnant une paix si désirée et si nécessaire à l'Europe ? Français, vous le voyez ! c'est par le grand NAPOLÉON que la discorde asservie va se voir enchaîner d'un éternel lien. Il a assez travaillé pour votre gloire ; c'est à votre bonheur qu'il consacrera désormais les paisibles moments de sa vie. Reviens donc, il est temps que son vœu s'accomplisse ; reviens, divine paix, en recueillir le fruit. Sur ton char lumineux, fais monter ce grand Homme ; et puisque de ses trophées tu es le plus cher à son cœur, laisse-toi conduire, pour qu'il lui en fasse hommage au Dieu qui le conduit. Oui, au Dieu qui le conduit ; ce mot me dit tout, il m'explique la cause de cette longue chaîne d'événements merveilleux qui étonnent l'Univers, il m'apprend pourquoi le théâtre de ses armes est constamment le théâtre de sa gloire. « C'est » l'ouvrage du Dieu des armées. *A Domino* » *factum est istud*, et voilà le juste sujet » de notre admiration. *Et est mirabile in* » *oculis nostris*. Ps. 117 ». Puissions-nous donc enfin jouir long-temps des fruits de cette paix glorieuse descendue du Ciel sur un char de triomphe. Paix, aimable paix, paix préférable aux victoires les plus brillantes : ah ! qui ne sait qu'elles ne s'obtiennent jamais qu'aux dépens de nombreuses victimes, et que parmi les beaux lauriers cueillis au champ de l'honneur, on aperçoit des branches de sombres cyprès.

Mais quoiqu'il en coûte, c'est un devoir commandé par la nature, sanctionné par les lois divines et humaines, de défendre, au péril de sa vie, son Prince, son pays. C'est aussi un honneur; ainsi le pensoit le peuple de Dieu, où tous les hommes capables de porter les armes étoient soldats; ainsi le pensoient les Grecs, les Romains, chez lesquels les lâches étoient voués à l'ignominie et poursuivis par la vindicte des lois. Il n'y avoit pas parmi eux de conscription, et elle n'étoit pas nécessaire pour choisir quelques défenseurs entre plusieurs. Dans les dangers imminents, un simple appel des Rois, des Consuls, des Archontes, rassembloit sous les drapeaux autant de citoyens qu'il y en avoit en état de servir. Jamais on ne vit mieux que dans la République de Sparte combien l'amour de la patrie a de pouvoir sur les belles ames. Hommes, femmes, enfants, vieillards, tous les âges, toutes les conditions se disputoient la gloire de lui faire les plus grands sacrifices; et les deux sexes, également animés d'un beau zèle, se dévouoient sans réserve, quand les besoins de l'État le demandoient. Une femme de cette République voit, au siége d'une ville, son fils aîné qu'elle avoit placé dans un poste, tomber mort à ses côtés : qu'on appelle son jeune frère pour le remplacer, s'écria-t-elle aussitôt. Mais, sans recourir aux Grecs, l'Histoire de France nous fournit de pareils exemples de l'amour de la patrie. Dans la chaleur de la bataille de Nerwinde, en 1693, le Maréchal de Luxembourg qui commandoit, voyant revenir du combat un soldat qui avoit quitté son corps, lui dit : Où vas-tu? Je vais, répondit-il, Monseigneur, en ouvrant son habit pour montrer sa blessure ! je vais mourir à quatre pas d'ici, ravi d'avoir exposé et perdu la vie pour ma patrie, en combattant sous un aussi grand Général que vous. Et voilà des traits héroïques, le comble du patriotisme, doux et honorable nom, si avili et si dénaturé sous le règne de la terreur ; passion noble et sublime qui, chez les Romains, porta un Décius à immoler sa vie, Fabius son honneur, Camille son ressentiment, et qui chez nous, entre plusieurs, produisit les Eustache de S.ᵗ-Pierre, les Duguesclin, les Bayard, les Dassas, les Desaix, dont le dévouement passera à l'admiration de la postérité attendrie et reconnoissante. Il n'est pas, il est vrai, donné à tous d'avoir des sentiments si élevés ; la nature est avare de Héros de cette trempe, mais elle commande, et la religion va de paire avec elle pour des chrétiens ; elle nous fait un devoir de servir le Prince, la patrie, quand nous sommes appelés à leurs défenses. Le Roi, dit Tertullien, est une seconde majesté indépendante de toute Puissance créée. *Hominem à Deo secundum.* Il ne tient pas sa couronne de la terre, mais du Ciel ; les peuples lui doivent leurs services, leurs hommages, et il doit à tous la protection. C'est ce que promet un Roi chrétien à son sacre : car, après que le Consécrateur a répandu l'Huile sainte sur sa tête, sur sa

poitrine et sur ses mains, après que le Consacré a pris sur l'Autel l'épée et le sceptre,
symbole de sa souveraineté, il prononce ce
serment redoutable qui lie les Rois : « Je
» jure et promets à mon peuple, paix,
» justice et clémence. *Pacem, œquitatem,*
» *misericordiam :* voilà ses obligations ».
Les nôtres sont dans la soumission et les
services personnels que nous lui devons.
Ainsi, pères et mères, quand vos enfants
sont appelés à la défense de la patrie, ils
sont appelés au poste de l'honneur et du
devoir à la fois. Donnez donc, si vous le
voulez, quand ils vous quittent, quelques
marques de tendresse pour une séparation
qui vous est sensible, la nature ni la
religion ne s'opposent pas à ces épanche-
ments d'amitié ; mais restez-en là ; n'allez
pas, par de lâches regrets, énerver leur
courage, les amollir par des larmes hors
de saison. S'il y avoit, de votre part,
opposition ou répugnance, ce seroit man-
quer à un devoir sacré que vous commande
impérieusement la Majesté du Dieu du Ciel
envers les Majestés de la terre. C'est ce
que l'Apôtre recommandoit aux Fidèles,
en leur disant: « Que toute Puissance vient
» de Dieu ; que les Princes sont ses minis-
» tres ; qu'il faut leur être soumis, non seu-
» lement par crainte, mais par motif de
» conscience, et que leur résister, c'est
» résister à l'ordre de Dieu même. *Non est*
» *potestas nisi à Deo.... Dei enim minister*
» *est....Subditi estote non tantùm propter*
» *iram, sed etiam propter conscientiam....*

» Ad Rom. 13 ». Nous invoquons l'Eternel
pour le salut du Prince, disoit encore Tertullien, *Apol.* 29. «. Nous demandons pour
» lui une longue vie, un règne tranquille,
» une famille heureuse, des armées intré-
» pides, un Sénat fidèle, un peuple probe,
» la paix avec l'Univers, enfin tout ce qu'il
» peut désirer comme personne privée et
» comme personne publique. *Nos enim*
» *pro salute Imperatorum Deum invocamus*
» *æternum.... Vitam oramus illis prolixam,*
» *Imperium securum, domum tutam, exer-*
» *citus fortes, Senatum fidelem, populum*
» *probum, orbem quietum et quæcumque*
» *hominis et Cæsaris vota sunt* ». Ainsi,
nous avons, envers nos Souverains, des
devoirs à remplir, fondés sur les grands
principes de la religion ; devoirs de respect
et de soumission, de reconnoissance et
d'amour ; devoirs de vœux et de prières
pour leur prospérité ; « afin, dit le même
» Apôtre, que nous menions une vie pai-
» sible et tranquille dans toute sorte de
» piété et d'honneur. *Ut quietam et tran-*
» *quillam vitam agamus in omni pietate...*
» 1. Timoth. 2 ». Des récompenses ou des
châtiments éternels sont attachés à l'obser-
vation ou à l'infraction de ces devoirs. Mais
un motif d'intérêt se joint encore à ces
grands motifs de religion. Car, que devien-
droient vos maisons, vos propriétés, vos
personnes même, si votre Souverain ne
trouvoit parmi vous des défenseurs de ses
Etats ? La proie d'un insolent vainqueur,
qui vous feroit chèrement payer votre lâche

et coupable indifférence pour le premier des devoirs de l'homme citoyen. Et quel honneur pour vos enfants, de servir aujourd'hui sous cet illustre Empereur, qui sait si généreusement apprécier et récompenser leur valeur, qui les considère comme les émules, les compagnons de ses triomphes, de sa gloire, et dont le désir, après tant de victoires., est de les faire jouir avec vous des douceurs de la paix, à l'ombre de leurs lauriers, dans une glorieuse et abondante prospérité.

Oui, je ne crains pas de l'avancer, et vous l'avouerez avec moi, que notre auguste Empereur n'est pas du nombre de ces Rois jaloux d'étendre leurs limites et de se faire un nom par le fracas de leurs armes, de ravager la terre avec de nombreuses armées, en portant la désolation dans les campagnes. Les Grecs et les Romains ont souvent fait paroître sur la scène ces ennemis de la paix, fléaux du genre-humain. Ce sont des héros selon l'histoire, des insensés selon l'Ecriture, des monstres dans la société. Notre illustre Souverain, grand dans la guerre, plus grand dans la paix, très-grand dans les annales de la Religion, soutiendra toujours un caractère d'héroïsme approuvé de Dieu et des hommes. Et Rome sainte placera honorablement dans ses fastes, la mémoire de ce Héros à qui Rome profane auroit dressé des autels. Accoutumé à vaincre, les conquêtes ne satisfont pas son cœur magnanime, parce qu'elles sont arrosées du sang de ses sujets. Ses ennemis l'ont forcé à renouer le fil de ses victoires; mais qu'ils cèdent à ses dispositions pacifiques, il en suspend le cours pour sécher les larmes des peuples. Couvert d'assez de lauriers, il ne respire que l'olivier de la paix, qu'il présente avant comme après ses triomphes. Il aimera toujours à tenir ce langage d'un Roi, dont parle l'Ecriture, (*Artaxercès*) : « Je n'ai pas voulu abuser » de ma puissance, mais j'ai préféré de » gouverner mes sujets avec clémence, afin » qu'ils jouissent de la paix, si ardemment dé- » sirée de tous les hommes. *Volui nequaquam* » *abuti potentiæ magnitudine, sed clementiâ* » *gubernare subjectos, ut optatâ cunctis* » *mortalibus pace fruerentur.* Reg. 3. 20. »

QUE nous reste-t-il donc, pour terminer dignement cette Fête triomphale et religieuse ? sinon de remercier le ciel de la gloire, de la prospérité si amplement accordées à l'Empire français (1), à ses armes; d'invoquer les bénédictions du Très-Haut sur cet homme de sa droite, pour le conserver à son peuple, à ses alliés, à lui-même; *fiat manus tua super virum dexteræ tuæ;*

---

(1) Le Pape S. Grégoire a donné, dans le VI.ᵉ siècle, cet éloge singulier à la couronne de France, qu'elle est autant au-dessus des autres couronnes du monde, que la dignité royale surpasse les fortunes particulières. Que s'il a parlé en ces termes pompeux, et élevé si haut le règne de Childebert le Mérovingien, si exigu dans nos annales, qu'auroit-il dit des temps d'un Charlemagne? que dis-je? du règne de l'incomparable NAPOLÉON!!!!!!
Lib. V. Ep. VI.

sur cet homme qu'il avoit prédestiné dans ses conseils éternels pour venger ses droits et les nôtres ; *et super filium hominis quem confirmâsti tibi* (Ps. 79.) ; sur cet homme qui a conquis l'admiration de l'univers, l'estime de ses ennemis même, et par-dessus tout, gagné les cœurs de ses sujets ; sur cet homme enfin qui a franchi l'espace immense des siècles par des actions glorieuses qui nous étonnent sans l'éblouir, par des succès qui l'ont montré magnanime, et des conquêtes qui l'ont rendu pacificateur. Faisons donc retentir les voûtes sacrées de nos temples par les accents de cette prière célèbre du Prophète Roi : *Domine, salvum fac Regem. Seigneur!* arbitre souverain de la destinée des empires, des rois et des peuples, *sauvez notre Monarque, et exaucez*, par sa conservation, *les vœux que nous vous adressons* en ce jour qui nous rappele de si grands, de si précieux souvenirs ; celui où tout ce que la Religion présente de plus majestueux, tout ce qu'un grand peuple peut déployer de magnificence, concourut à la solemnité de son sacre ; celui encore où, par une victoire mémorable obtenue à pareil jour, vous mîtes le sceau aux preuves frappantes qui nous annonçoient que vous nous l'aviez donné dans votre miséricorde, et que vous le soutiendriez par les prodiges de votre puissance. Nous savons que vous avez dit de lui, comme d'un grand Roi votre serviteur : « J'ai établi un homme puissant » pour être l'instrument de ma protection ; » j'ai élevé d'entre mon peuple celui que

» j'ai choisi, et je l'ai sacré de mon huile
» sainte ; ma main ne l'abandonnera point,
» et mon bras le fortifiera.... J'exterminerai
» à ses yeux ses ennemis, et je mettrai en
» fuite ceux qui le haïront ; ma vérité et ma
» miséricorde l'accompagneront, et c'est en
» mon nom qu'il établira sa puissance. *Posui*
» *adjutorium in potente, et exaltavi electum*
» *de plebe mea......* Psalm. 88 ». Oui, vous
continuerez de bénir ses entreprises, ô mon
Dieu ! vous serez son conseil, son guide,
son appui : votre Providence l'a placé sur
le plus beau trône de l'univers ; votre Providence l'y maintiendra. Puis donc que,
sous ses auspices, ce n'est heureusement
plus un crime de crier *vive le Roi !* par où
puis-je mieux finir, que par où j'ai commencé
avec l'auteur sacré ? Vive à jamais l'Empereur NAPOLÉON ! toujours grand, toujours
triomphant, le Héros des siècles présent et
futurs, le libérateur de la France ! Vive
l'Impératrice ! son auguste compagne, également
ment sacrée par l'onction sainte du vénérable
Pontife, que la divine Providence a associée
à sa gloire comme à nos respects, et qu'il
lui a unie par ses immuables décrets. Vive
la Famille Impériale ! Puissent nos arrières
neveux répéter d'âge en âge la même acclamation ; et pour que le ciel, à qui nous
sommes redevables de tant de bienfaits, soit
propice à des vœux si légitimes, adressons-
lui le tribut de nos hommages par le chant
de cet hymne sacré qui en est l'interprête.
Vivat Rex !... Te Deum.

LHONORÉ.

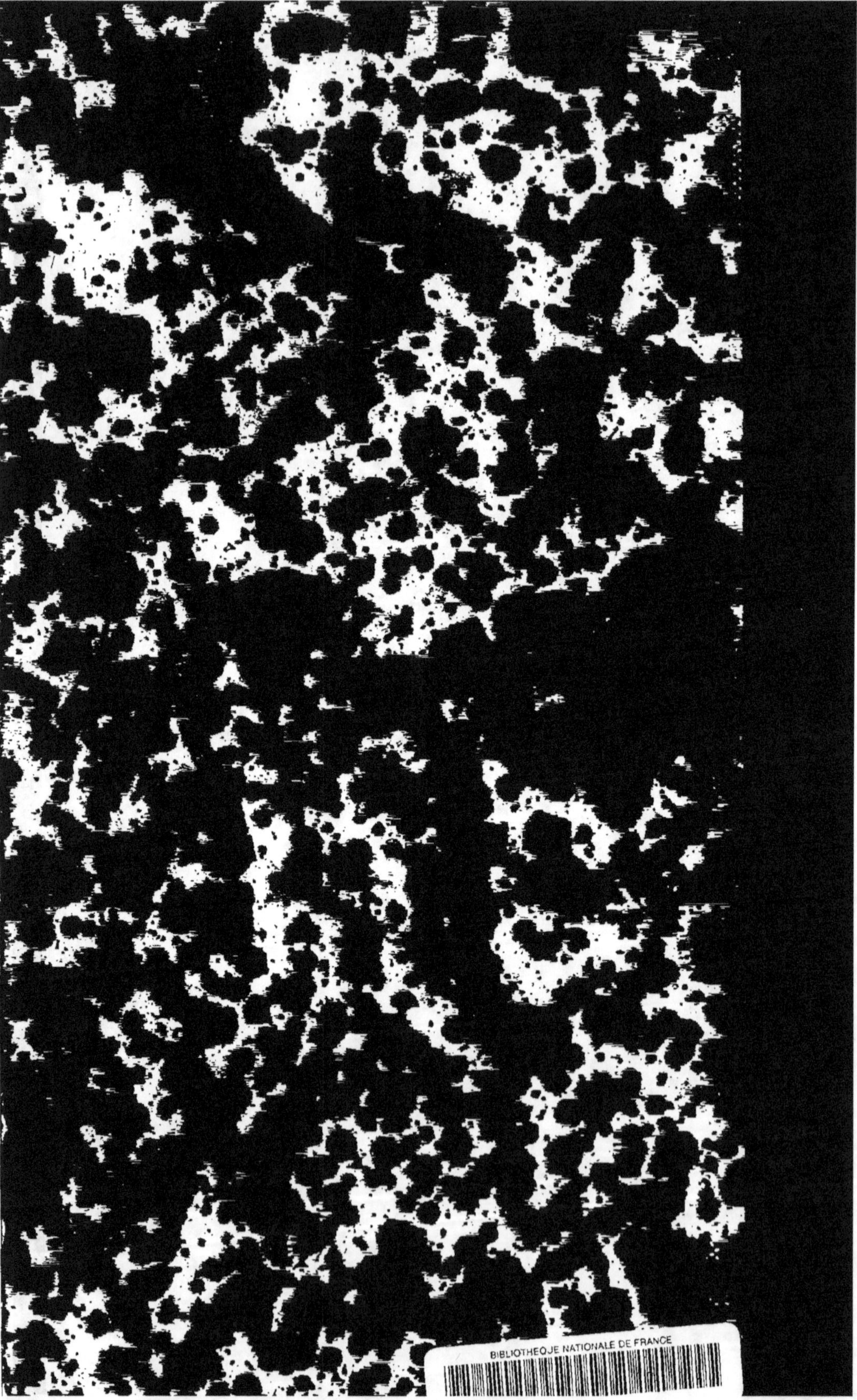